불자 수행요집

佛子　修行要集

제안 용하스님 엮음

머 리 말

귀의삼보 하옵고.
부처님 말씀은 진흙 속에서 피어난 연꽃과 같다고 하였습니다. 이는 부처님 스스로 우리 중생의 온갖 생로병사와 희노애락의 번뇌를 겪어내신 후 깨달음을 얻으셨기 때문입니다. 그만큼 부처님 말씀은 중생들에게 심오하면서도 동시에 살아있는 가르침을 주는 것입니다.

하지만 오늘날 우리 중생이 부처님의 말씀을 듣는데 두 가지 장애가 있으니, 그 동안 너무나도 많은 경전들이 세상에 나왔기에 그 방대함에 불자들이 선뜻 다가가지 못하는 것이 그 첫 번째 장애입니다. 또한 기왕에 불자들을 위해 선별된 경전이 여전히 한문으로 유통되고 있어 신도들이 그 의미를 쉽게 알아듣지 못함이 그 두 번째 장애라 하겠습니다.

산승은 이러한 문제를 안고 이번에 한글로 풀어 쓴 염불을 모아서 책으로 출간합니다.

이 염불집에 수록된 염불들은 산승이 20여년 동안 포교당에서 불자님들을 대상으로 한글로 풀어서 가르쳐온 염불들 중에서 엄선한 것입니다. 시방 부처님과 여러 성현의 말씀을 간단하고 명료하게 밝혔으니, 아무쪼록 여러 불자님들의 염불 수행에 다소나마 도움이 되기를 기원합니다.

덧붙여 책의 말미에 『사자의 서』의 「사유(死有)에서 해탈로 가는 길」을 수록하였습니다. 스님들이 보통 시다림에 가셔서 망자를 위해 아미타경이나 금강경 등의 장엄 염불을 많이 해주십니다. 산승의 경험으로는 장엄염불 때 「사유(死有)에서 해탈로 가는 길」을 독송할 때, 망자와 망자를 보내는 이들 모두에게 더욱 위로가 되었습니다. 스님들과 불자님들은 이 점을 참고하시고 함께 염불해보시기를 추천하는 바입니다.

제안 용하 합장

목 차

삼귀의례 三歸依禮

거룩한 부처님께 귀의합니다.

귀의불 양족존(歸依佛 兩足尊)

거룩한 가르침에 귀의합니다.

귀의법 이욕존(歸依法 離慾尊)

거룩한 스님들께 귀의합니다.

귀의승 중중존(歸依僧 衆中尊)

보현행원의 노래

내 이제 두손 모아 청하옵나니
시방세계 부처님 우주 대광명
두눈 어둔 이내 맘~ 굽어 살피사
위~없는 대 법문을 널리 여소서
허공계와 중생계가 다할지라도
오늘 세운 이 서원은 끝없사오리

내 이제 엎드려서 원하옵나니
영겁토록 열반에 들지맙시고
이 세상에 중생을 굽어 살피사
삼계화택 심한고난 구원하소서
허공계와 중생계가 다할지라도
오늘 세운 이 서원은 끝없사오리

한글 예불의식문
禮 佛 儀 式 文

獻茶偈..................[새벽 예불문]
헌 다 게

저-희 이제 청-정-수-를-감로다-삼아

[목탁1번]삼-보-님-전목탁내림시작.올-리-오-니... 스님이 선창함

[목탁1번]**자비로 받**[목탁 내리면서 큰절]**으소서**...스님과 신도함께 큰절함

[목탁1번]**자비로 받**[목탁 내리면서 큰절]**으소서**

[목탁1번]**대-자비로**[목탁1번] **받으**목탁내리면서큰정**옵소서**

① **지극한 마음으로,** 온-세계 스승이며 모든 중생 어버이신[목탁1번]석가모니 부처님께 **절**-하옵니다.

② **지극한 마음으로,** 온-세계 항상 계신[목탁1번] 거룩하신 부처님께 **절**-하옵니다.

③ **지극한 마음으로,** 온-세계 항상 계신[목탁1번] 거룩하신 가르침에 **절**-하옵니다.

④ **지극한 마음으로,** 대지-문수-사리-보살 대행보현보살 대비-관-세음보살[목탁1번] 대원본존 지장보살님께 **절**-하옵니다.

⑤ **지극한 마음으로,** 부처님께 부촉받은 십대제자 십육성 오백성 독수성 내지 [목탁1번]천-이백 아라한께 **절**- 하옵니다.

⑥ **지극한 마음으로,** 불법 전한 역대조사 천하종사 [목탁1번]한량없는 선지식께 **절**-하옵니다.

⑦ **지극한 마음으로,** 온-세계 항상 계신 [목탁1번]거룩하신 스님들께 **절**- 하옵니다.

[목탁1번]다함[목탁1번]없는 삼보시여-
저희 예경 받으시고
가피력을 내리시여[목탁1번]
법계중생 모두 함께[목탁1번]
성-불하여지이다.

五分香偈 ....[저녁 예불문]
오 분 향 게

[목탁번]계 향[목탁1번]정 향 [목탁1번]혜 향 [목탁1번]해 탈 향[목탁1번]
해 탈목탁내림... 지견향
광명구름 두루하여 시방세계 한-량없는[목탁1번]
삼-보-님-전[목탁내림...]공양 합니다.

헌 향 진 언[목탁1번]옴 바아라 도비야 훔
憲 香 眞 言

[목탁1번]옴 바아라 도비야 훔
[목탁1번]옴 바아라 [목탁내림]도비야 훔...스
님이 선창함

☛지극한 마음으로, 온-세계-스승이며 모든-중
생-어버이신[목탁1번]석가모니
부처님께 **절**-하옵니다.

☛**지극한 마음으로,** 온-세계 항상 계신[목탁1번] 거룩하신 부처님께 **절**-하옵니다.

☛**지극한 마음으로,** 온 세계 항상 계신[목탁1번] 거룩하신 가르침에 **절**-하옵니다.

☛**지극한 마음으로,** 대지-문수-사리-보살
대행보현보살
대비-관-세음보살[목탁1번]
대원본존 지장보살님께 **절**-하옵니다.

☛**지극한 마음으로,** 부처님께 부촉받은 십대제자 십육성 오백성 독수성

내지[목탁1번]천-이백 아라한께
절-하옵니다.

☛**지극한 마음으로,** 불법 전한 역대조사 천하종사[목탁1번] 한량 없는 선지식께 **절**-하옵니다.

☛**지극한 마음으로,** 온-세계 항상 계신[목탁1번] 거룩하신 스님들께 **절**-하옵니다.

[목탁1번]다함 [목탁1번]없는 삼보시여-
저희-예경-받으시고,
가피력을 내리시어[목탁1번]
법계중생 모든 함께[목탁내림]
성불-하여 지이다.

무변 수승한 극락찰토는
아미타불의 본원력이 나타난 것이니,
아미타 부처님 명호를 듣고
왕생하고자 발원하면
저절로 불퇴전에 이르게 되리라.

보살은 지극한 서원을 일으켜서
자기의 국토가 극락세계와
같아지길 발원하고
일체중생을 제도하겠다는
평등한 대비심으로
각자 중생들에게
보리심을 발하게 하여
윤회하는 저 몸을 버리고
모두 함께 피안에 오르게 하네.
- 무량수경

마하반야바라밀다심경

관-자재보살이-깊은 반야 바라밀다를-행할 때-

오온(五蘊)이-공(空)한 것을 비추어-보고

온갖 고통(苦痛)에서 건지느니라[건느니라]-

사리자여!

색(色)이 공(空)과 다르지-않고,

공(空)이 색(色)과 다르지-않으며,

색(色)이 곧-공(空)이요 공(空)이 곧-색(色)이니,

수(受)·상(想)·행(行)·식(識)도-그러하니라.

사리자여!

모든 법(法)은 공(空)하여 나지도-멸(滅)하지도 않으며,

더럽지도 깨끗하지도-않으며,

늘지도-줄지도-않느니라.

그러므로 공(空)-가운데는 색(色)이 없고,

수 · 상 · 행 · 식도-없으며-
受 想 行 識

안 · 이 · 비-설 · 신 · 의도 없고,
眼 耳 鼻 舌 身 意

색 · 성 · 향-미 · 촉 · 법도 없으며-
色 聲 香 味 觸 法

눈의 경계도-의식의-경계까지도-없고,
義識

무명도-무명이-다함 까지도-없으며-
無明 無明

늙고 -죽음도, 늙고- 죽음이 다함 까지도-

없고,

고 · 집 · 멸 · 도도-없으며- 지혜도-얻음도-
苦 集 滅 道

없느니라.

얻을 것이 없는 까닭에-

보살은-반야바라밀다를-의지하므로-
菩薩

마음에-걸림이-없고

걸림이-없으므로 두려움이 없어서- 뒤바뀐-

헛된 생각을-멀리 떠나 완전한-열반에 들어
涅槃

가며,

삼세의-모든 부처님도 반야바라밀다를-의지
三世

하므로- 최상의-깨달음을 얻느니라.

반야바라밀다는 가장 신비하고 밝은 주문(呪文)이며 위없는-주문(呪文)이며 무엇과도 견줄 수-없는 주문(呪文)이니,
온갖 괴로움을 없애고 진실(眞實)하여 허망(虛妄)하지 않음을 알지니라.
이제 반야바라밀다주를 말하리라.

아제아제 바라아제 바라 승아제- 모지 사바하
아제아제 바라아제 바라 승아제-모지 사바하
아제아제 바라아제 바라 승아제-모지 사바하.

청법가

덕 높으신 스승님 사자좌에 오르사
사자후를 합소서 감로법을 주소서
옛 인연을 이어서 새 인연을 맺도록
대자비를 베푸사 법을 설하옵소서

이산 혜연선사 발원문

시방삼세 부처님과 팔만사천 큰 법보와 보살성문 스님네께
지성귀의 하옵나니 자비하신 원력으로 굽어 살펴 주옵소서.
저희들이 참된성품 등지옵고 무명속에 뛰어들어 나고죽는 물결따라
빛과 소리 물이 들고 심술궂고 욕심내어 온갖 번뇌 쌓았으며
보고 듣고 맛봄으로 한량없는 죄를 지어 잘못 된길 갈팡질팡
생사고해 헤매면서 나와 남을 집착하고 그른 길만 찾아다녀
여러 생에 지은업장 크고 작은 많은 허물 삼보 전에 원력 빌어
일심참회하옵나니 바라옵건대 부처님이 이끄시고 보살님네 살피시어
고통바다 헤어나서 열반언덕 가사이다. 이세상의 명과 복은
길이길이 창성하고 오는 세상 불법지혜 무럭무럭 자라나서
날 적마다 좋은 국토 밝은 스승 만나오며 바른 신심 굳게 세워
아이로서 출가하여 귀와 눈이 총명하고 말과 뜻이 진실하여
세상일에 물 안들고 청정범행 닦고 닦아 서리같이 엄한계율
털끝인들 범하리까 점잖은 거동으로 모든 생명 사랑하여
이내목숨 버리어도 지성으로 보호하리 삼재팔난 만나잖고
불법인연 구족하여 반야지혜 드러나고 보살마음 견고하여
제불정법 잘 배워서 대승진리 깨달은 뒤 육바라밀 행을 닦아
아승지겁 뛰어넘고 곳곳마다 설법으로 천겁만겁 의심 끊고

마군중을 항복받고 삼보를 뵙사올제 시방제불 섬기는 일
잠깐인들 쉬오리까 온갖 법문 다 배워서 모두통달 하옵거든
복과 지혜 함께 늘어 무량중생 제도하며 여섯가지 신통 얻고
무생법인 이룬 뒤에 관음보살 대자비로 시방법계 다니면서
보현보살 행원으로 많은 중생 건지올제 여러 갈래 몸을 나퉈
미묘 법문 연설하고 지옥아귀 나쁜 곳엔 광명 놓고 신통 보여
내 모양을 보는 이나 내 이름을 듣는 이는 보리마음 모두 내어
윤회고를 벗어나되 화탕지옥 끓는 물은 감로수로 변해지고
검수도산 날센 칼날 연꽃으로 화하여서 고통 받던 저 중생들
극락세계 왕생하며 나는 새와 기는 짐승 원수 맺고 빚진 이들
갖은고통 벗어나서 좋은 복락 누려지이다. 모진질병 돌 적에는
약풀 되어 치료하고 흉년드는 세상에는 쌀이 되어 구제하되
여러 중생 이익한일 한가진들 빼오리까 천겁만겁 내려오던
원수거나 친한 이나 이 세상 권속들도 누구누구 할 것 없이
얽히었던 애정끊고 삼계고해 뛰어나서 시방세계 중생들이
모두 성불 하사이다. 허공 끝이 있사온들 이내소원 다하리까.
유정들도 무정들도 일체종지 이루어지이다.

의상대사 일승발원문–乘發願文

오직 바라고 또 바라옵니다.
그 어느 곳 어느 때에 태어나거나 생각과 말과 행동 세 가지 일이
한량없는 공양의 도구가 되어, 시방삼세 온 세계에 가득 채워지이다.
불, 법, 승 삼보께 항상 공양하옵고, 육도의 중생위해 보시하기 원입니다.

한 생각 한 가지 일이 불사를 짓듯이 천만가지 생각과 일, 또한 그리 되어지이다.
작은 악(惡) 하나부터 일체 악 끊고, 작은 선(善) 하나부터 일체 선 받들며,
한없는 선지식을 다 만나 뵙고, 항상 법문 들어 큰 기쁨 누리기 원하옵니다.

저 선지식들 큰 마음 발하시듯 저와 중생 모두가 또한 그러하옵고,
저 선지식들 큰 일을 행하시듯, 저와 중생 모두가 또한 그리하여지이다.
광대무변한 보현행을 다 구족하고, 아름다운 연화세계 가서 다시 나,
비로자나 부처님 친견하리니, 모든 중생 다 함께 성불하게 하소서.

사홍서원

중생을 다 건지오리라

중생무변서원도(衆生無邊誓願度)

번뇌를 다 끊으오리라

번뇌무진서원단(煩惱無盡誓願斷)

법문을 다 배우오리다

법문무량서원학(法門無量誓願學)

불도를 다 이루오리라

불도무상서원성(佛道無上誓願成)

나무아미타불南無阿彌陀佛
여섯 자의 공덕은 다음과 같다
나南는 항하사 성聖 공덕이 구족하다.
무無는 돌아가신 7대 웃 조상이
고를 여의고 낙을 얻는다.
아阿는 삼십삼천 태허가 진동한다.
미彌는 무량억겁 생사의 죄가
단번에 없어진다.
타陀는 8만4천 마군이
갑자기 없어진다.
불佛은 8만4천 무명업식이
한꺼번에 없어진다.
- 연종집요

우리말 천수심경
千手心經

정구업진언.....수리수리 마하수리 수수리사
淨口業眞言
바하...[3번]

오방[동서남북 · 중앙]내외안위제신진언
五方 內外安慰諸神眞言
나무 사만다 못다남 옴 도로도로 지미 사
바하...[3번]

부처님 거룩한법 한량없이 높고깊어
천만겁 지나가도 만나기가 어려운데
부처님 가피로써 듣고보고 지니오니
부처님 거룩한법 깨치기가 원입니다.

개법장진언.....옴 아라남 아라다...[3번]
開法藏眞言

천수천안,관자재보살,광대원만,
千手千眼 觀自在菩薩 廣大圓滿
무애대비심,대라니
無碍大悲心 大羅尼

관음보살 대비주에 머리숙여 절합니다.
그원력이 위대하고 상호또한 거룩하사
일천팔로 하나하나 모든중생 거두시고
일천눈의 광명으로 온세상을 살피시네
참된말씀 베푸시어 비밀한뜻 보이시고
하염없는 자비한맘 끊임없이 펴옵시어
저희들의 온갖소원 어서빨리 이루옵고
모든죄업 남김없이 깨끗하게 씻어이다
천용팔부 모든성중 또한함께 보살피사
백천가지 온갖삼매 한꺼번에 깨쳐이다
이법지닌 저희몸은 큰광명의 깃발이고
이법지닌 저희마음 신비로운 보장이니
세상티끌 씻어내고 고해길을 어서건너

보리법의 방편문을 속히얻게 하사이다
신비로운 대비주를 읽고외기 원하오니
뜻하는일 마음대로 충만하게 하사이다.

자비하신 관세음께 귀의하여 비옵나니
이세상의 온갖진리 어서빨리 알아이다
자비하신 관세음께 귀의하여 비옵나니
부처님의 지혜눈을 어서빨리 얻사이다
자비하신 관세음께 귀의하여 비옵나니
한량없는 모든중생 어서빨리 건져이다
자비하신 관세음께 귀의하여 비옵나니
팔만사천 좋은방편 어서빨리 얻사이다
자비하신 관세음께 귀의하여 비옵나니
저언덕의 지혜배에 어서빨리 올라이다
자비하신 관세음께 귀의하여 비옵나니
생노병사 고해속을 어서빨리 건너이다

자비하신 관세음께 귀의하여 비옵나니
무명벗는 청정계율 어서빨리 얻사이다
자비하신 관세음께 귀의하여 비옵나니
절대진리 법성의몸 어서빨리 이뤄이다.

관음보살 대원속에 칼산지옥 내가가면
관음보살 가피로써 칼산지옥 무너지고
관음보살 대원속에 화탕지옥 내가가면
관음보살 가피로써 화탕지옥 없어지고
관음보살 대원속에 모든지옥 내가가면
관음보살 가피로서 모든지옥 말라지고
관음보살 대원속에 아귀세계 내가가면
관음보살 가피로써 모든아귀 배부르고
관음보살 대원속에 수라세계 내가가면
관음보살 가피로써 악한마음 착해지고
관음보살 대원속에 짐승세계 내가가면

관음보살 가피로써 슬기로움 생겨이다.

나무 관세음 보살 마하살
나무 대세지 보살 마하살
나무 천수 보살 마하살
나무 여의륜 보살 마하살
나무 대륜 보살 마하살
나무 관자제 보살 마하살
나무 정취 보살 마하살
나무 만월 보살 마하살
나무 수월 보살 마하살
나무 군다리 보살 마하살
나무 십일면 보살 마하살
나무 제대 보살 마하살

[나무 본사 아미타불.......3번]

신묘장구 대[타]다라니
神妙章句 大陀羅尼

나모라 다나다라 야야 나막알야 바로기제 새바라야 모지 사다바야 마하 사다바야 마하가로 니가야 옴 살바 바예수 다라나 가라야 다사명 나막까리다바이 맘알야 바로기제 새바라 다바 니라간타 나막 하리나야 마발다 이사미 살발타 사다남 수반 아예염 살바 보다남 바바말아 미수다감 다냐타 옴 아로계 아로가 마지로가 지가란제 혜혜하례 마하 모지 사다바 사마라 사마라 하리나야 구로구로 갈마 사다야 사다야 도로도로 미연제 마하 미연제 다라다라 다린나례 새바라 자라자라 마라 미마라 아마라 몰제 예혜혜 로계 새바라 라아 미사미 나사야 나베 사미사미 나사야 모하자라 미사미 나사야 호로호로 마라 호로 하례 바나마 나바 사라사라 시리시리 소로소로 못쟈못쟈 모다야 모다야 매다리야 니라 간타 가마사 날사남 바라 하라나야

마낙 사바하
싯다야 사바하
마하싯다야 사바하
싯다유예 새바라야 사바하
니라간타야 사바하
싯다유예 새바라야 사바하
바라하 목카 싱하 목카야 사바하
바나마 하따야 사바하
자가라 욕다야 사바하
상카섭녜 모다나야 사바하
마하라 구타 다라야 사바하
바마사간타 이사시체다 가릿나 이나냐 사바하
먀가라 잘마 이바 사나야 사바하

[나모라 다나 다라 야야 나막알야 바로기제 새바라야 사바하.....3번]

동쪽향해 망상씻어 청정도량 이루었고
남쪽향해 열뇌씻어 끊은마음 시원하며
서쪽향해 탐심씻어 안락정토 이루었고
북쪽향해 애욕씻어 영원토록 안강토다.

온도량이 깨끗하여 더러운것 전혀없고
삼보님과 천용들이 이도량에 오시도다
내가이제 묘한진언 지니옵고 외우오니
자비감로 베푸시어 저희들을 살펴이다.

까마득한 옛날부터 내가지은 모든악업
크고작은 모든것이 탐진치로 생기었고
몸과입과 뜻에따라 무명으로 지었기에
나는지금 진심으로 참회하며 비옵니다.

나무 참제업장 보승장불
南無 懺除業障 寶勝藏佛

보광왕화염조 불
寶光王火炎照 佛

일체향화자재력왕 불
一切香華自在力王 佛

백억항하사결정 불
百億恒河沙決定 佛

진위덕 불
振威德 佛

금강견강소복괴산 불
金剛堅强消伏壞散 佛

보광월전묘음존왕 불
普光月殿妙音尊王 佛

환희장마니보적 불
歡喜藏摩尼寶積 佛

무진향승왕 불
無盡香勝王 佛

사자월 불
獅子月 佛

환희장엄주왕 불
歡喜藏嚴珠王 佛

제보당마니승광 불
帝寶幢摩尼勝光 佛

살생하온 모든죄업 무릎꿇고 참회하고

남의물건 훔친죄업 무릎꿇고 참회하며

사음하온 무거운죄 눈물로써 참회하며

거짓말한 그죄업도 눈물로써 참회하고
꾸며대던 모든죄업 두손모아 참회하고
이간질한 모든죄업 두손모아 참회하고
악담하온 무거운죄 지성으로 참회하고
탐애하온 무거운죄 마음깊이 참회하며
한량없이 성낸죄업 오늘모두 참회하며
우치하여 지은죄도 오늘모두 참회합니다.

백천겁애 쌓은죄업
한생각에 없어져서
마른풀을 불태우듯
흔적조차 보이잖네

죄의자성 본래없어 마음따라 일어난 것
한생각을 돌이키면 죄업 또한 없어지고
죄와 마음 모두멸해 그 생각도 공하여라

이와 같은 참회만이 진실다운 참회라네.

참회진언=옴 살바 못자 모지 사다야 사바하....3번
懺悔眞言

준제보살 크신공덕 일념으로 항상외면
그 어떠한 어려움도 괴롭히지 못하여서
천상이나 인간에서 복 받음이 여래같아
이 여의주 얻은 이는 가장큰 법 이룬다네

나무 칠구지 불모 대준제보살........3번

정법계진언.......옴 남.... 3번
淨法界眞言

호신진언.......옴 치림.......3번
護身眞言

관세음보살 본심미묘 육자대명왕진언
觀世音菩薩 本心微妙 六字大明王眞言

옴 마니 반메 훔.......3번

준제진언 准提眞言 나무, 사다남, 삼먁, 삼못다, 구치 남,다나타

옴 자례 주례 준제 사바하 부림..3번

내가이제 대준제를 지성으로 외우면서
크고넓은 보리심의 광대한원 세우오니
정과혜를 함께닦아 크고밝게 이루리다
육바라밀 고루닦아 나는모두 얻으리다
한량없는 중생들과 불도함께 이루리다.

여래십대 발원문
如來十大 發願文

나는이제 삼악도를 여의옵기 원입니다
나는이제 탐진치를 어서끊기 원입니다
나는이제 불법승을 항상듣기 원입니다
나는이제 계정혜를 힘껏닦기 원입니다
나는이제 부처님법 늘배우기 원입니다

나는이제 보리심을 지키기가 원입니다
나는이제 안양국에 태어나기 원입니다
나는이제 아미타불 만나뵙기 원입니다
나는이제 나툰몸을 두루펴기 원입니다
나는널리 모든중생 제도하기 원입니다

발 사홍서원
發 四弘誓願

한량없는 모든중생 남김없이 건지리다
번뇌망상 끝없지만 남김없이 끊으리다
한량없는 모든법문 남김없이 배우리다
부처님법 드높지만 남김없이 이루리다

발원이 귀명례 삼보
發願已 歸命禮 三寶

시방세계 두루하신 부처님께 귀의합니다.
시방세계 두루하신 기르침에 귀의합니다.
시방세계 두루하신 스님들께 귀의합니다.

...[3번]

염불하는 마음이 진실한지
진실하지 않은지 알려면
기쁨과 번뇌 속에서
그 증거를 찾으면 된다.
만약 염불이
기쁨과 번뇌 속에서
주인이 될 수 있다면
병고(病苦) 중에서도
주인이 될 수 있고,
병고 중에서도
주인이 될 수 있다면
임종 시에는 갈 곳을
분명하게 알 수 있을 것이다.
– 불법도론佛法導論

화엄경 약찬게

華嚴經 略纂偈

대방광불화엄경 용수보살약찬게 나무화장세계해
大方廣佛華嚴經 龍樹菩薩略纂偈 南無華藏世界海

비로자나진법신 현재설법노사나 석가모니제여래
毘盧遮那眞法身 現在說法盧舍那 釋迦牟尼諸如來

과거현재미래세 시방일체제대성 근본화엄전법륜
過去現在未來世 十方一切諸大聖 根本華嚴轉法輪

해인삼매세력고 보현보살제대중 집금강신신중신
海印三昧勢力故 普賢菩薩諸大衆 執金剛神神衆神

족행신중도량신 주성신중주지신 주산신중주림신
足行神衆道場神 主城神衆主地神 主山神衆主林神

주약신중주가신 주하신중주해신 주수신중주화신
主藥神衆主稼神 主河神衆主海神 主水神衆主火神

주풍신중주공신 주방신중주야신 주주신중아수라
主風神衆主空神 主方神衆主夜神 主晝神衆阿修羅

가루라왕긴나라 마후라가야차왕 제대용왕구반다
迦樓羅王緊那羅 摩睺羅伽夜叉王 諸大龍王鳩槃茶

건달바왕월천자 일천자중도리천 야마천왕도솔천
乾達婆王月天子 日天子衆忉利天 夜摩天王兜率天

화락천왕타화천 대범천왕광음천 변정천왕광과천
化樂天王他化天 大梵天王光音天 遍淨天王廣果天

대자재왕불가설 보현문수대보살 법혜공덕금강당

大自在王不可說 普賢文殊大菩薩 法慧功德金剛幢

금강장급금강혜 광염당급수미당 대덕성문사리자
金剛藏及金剛慧 光焰幢及須彌幢 大德聲聞舍利子

급여비구해각등 우바새장우바이 선재동자동남녀
及與比丘海覺等 優婆塞長優婆夷 善財童子童男女

기수무량불가설 선재동자선지식 문수사리최제일
其數無量不可說 善財童子善知識 文殊舍利最第一

덕운해운선주승 미가해탈여해당 휴사비목구사선
德雲海雲善住僧 彌伽解脫與海幢 休舍毘目瞿沙仙

승열바라자행녀 선견자재주동자 구족우바명지사
勝熱婆羅慈行女 善見自在主童子 具足優婆明智士

법보계장여보안 무염족왕대광왕 부동우바변행외
法寶髻長與普眼 無厭足王大光王 不動優婆遍行外

우바라화장자인 바시라선무상승 사자빈신바수밀
優婆羅華長者人 婆施羅船無上勝 獅子嚬神婆須密

비실지라거사인 관자재존여정취 대천안주주지신
毘瑟祇羅居士人 觀自在尊與正趣 大天安住主地神

바산바연주야신 보덕정광주야신 희목관찰중생신
婆珊婆演主夜神 普德淨光主夜神 喜目觀察衆生神

보구중생묘덕신 적정음해주야신 수호일체주야신
普救衆生妙德神 寂靜音海主夜神 守護一切主夜神

개부수화주야신 대원정진력구호 묘덕원만구바녀
開敷樹華主夜神 大願精進力救護 妙德圓滿瞿婆女

마야부인천주광 변우동자중예각 현승견고해탈장
摩耶夫人天主光 遍友童子衆藝覺 賢勝堅固解脫長

묘월장자무승군 최적정바라문자 덕생동자유덕녀
妙月長者無勝軍 最寂靜婆羅門者 德生童子有德女

미륵보살문수등 彌勒菩薩文殊等	보현보살미진중 普賢菩薩微塵衆	어차법회운집래 於此法會雲集來
상수비로자나불 常隨毘盧遮那佛	어연화장세계해 於蓮華藏世界海	조화장엄대법륜 造化莊嚴大法輪
시방허공제세계 十方虛空諸世界	역부여시상설법 亦復如是常說法	육육육사급여삼 六六六四及與三
일십일일역부일 一十一一亦復一	세주묘엄여래상 世主妙嚴如來相	보현삼매세계성 普賢三昧世界成
화장세계노사나 華藏世界盧舍那	여래명호사성제 如來名號四聖諦	광명각품문명품 光明覺品問明品
정행현수수미정 淨行賢首須彌頂	수미정상게찬품 須彌頂上偈讚品	보살십주범행품 菩薩十住梵行品
발심공덕명법품 發心功德明法品	불승야마천궁품 佛昇夜摩天宮品	야마천궁게찬품 夜摩天宮偈讚品
십행품여무진장 十行品與無盡藏	불승도솔천궁품 佛昇兜率天宮品	도솔천궁게찬품 兜率天宮偈讚品
십회향급십지품 十回向及十地品	십정십통십인품 十定十通十忍品	아승지품여수량 阿僧祇品與壽量
보살주처불부사 菩薩住處佛不思	여래십신상해품 如來十身相海品	여래수호공덕품 如來隨好功德品
보현행급여래출 普賢行及如來出	이세간품입법계 離世間品入法界	시위십만게송경 是爲十萬偈頌經
삼십구품원만교 三十九品圓滿敎	풍송차경신수지 諷誦此經信受持	초발심시변정각 初發心是便正覺

안좌여시국토해　시명비로자나불
安坐如是國土海　是名毘盧遮那佛

원 컨 대 나의목숨 마치려할때
온갖번뇌 모든업장 없애고나서
저아미타 부처님을 만나뵈옵고
지체없이 극락왕생 하려합니다
내가이미 저세계에 가서난다음
눈앞에서 이큰소원 모두이루어
온갖것을 남김없이 원만하여서
가이없는 중생들을 기쁘게하리
저부처님 모인대중 깨끗할시고
나는이때 연꽃위에 태어나리니
아 미 타 부처님을 친히뵈오면
그자리서 보리수기 내게주시리
부처님의 보리수기 받잡고나서
마음대로 백억화신 나타내어서
크고넓은 시방세계 두루다니며
이지혜로 모든중생 제도하리라
- 화엄경 보현행원품

의상조사 법성게

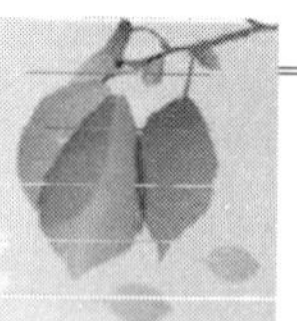

법의성품	원융하여	두모양이	본래없고
모든법이	동함없어	본래부터	고요해라
이름없고	형상없고	온갖것이	끊였으니
참지혜로	알일일뿐	다른경계	아니로다
참된성품	심히깊어	지극히	미묘하니
자기성품	지키잖고	인연따라	이루더라
하나중에	일체있고	일체중에	하나있어
하나가	곧일체요	일체가	곧하나라
한티끌속	그가운데	시방세계	머금었고
일체모든	티끌마다	또한다시	그러해라
한이없이	머나먼	무량겁이	일념이요
일념또한	한이없는	머나먼	겁이어라
구세십세	서로서로	어우러져	있음에도
혼돈되지	아니하여	따로따로	이루었네
처음발심	하온때가	깨달음을	이룬때요
생과사와	큰열반이	항상서로	함께했고
이와사가	아득하여	분별할길	없는것이
열부처님	보현보살	큰사람의	경계러라
해인삼매	고요속에	온갖것을	갈무리고

불가사의 무진법문 마음대로 드러내며
온갖보배 비내리어 일체중생 이익하니
중생들이 그릇따라 온갖이익 얻음이라
이까닭에 불자들은 본래자리 돌아가서
번뇌망상 쉬잖으면 얻을것이 가이없네
인연없는 방편지어 마음대로 잡아쓰니
본집에 돌아가서 분수따라 양식얻네
다라니의 무진법문 끝이없는 보배로써
온법계를 장엄하여 보배궁전 이루고서
영원토록 참된법의 중도상에 편히앉아
억만겁에 부동한것 그이름이 부처일세

법성원융무이상 제법부동본래적
法性圓融無二相 諸法不動本來寂

무명무상절일체 증지소지비여경
無名無相絶一切 證智所知非餘境

진성심심극미묘 불수자성수연성
眞性甚深極微妙 不守自性隨緣成

일중일체다중일 일즉일체다즉일
一中一切多中一 一卽一切多卽一

일미진중함시방 일념진중역여시

一微塵中含十方　一切塵中亦如是

무량원겁즉일념　일념즉시무량겁
無量遠劫卽一念　一念卽是無量劫

구세십세호상즉　잉불잡란격별성
九世十世互相卽　仍不雜亂隔別成

초발심시변정각　생사열반상공화
初發心時便正覺　生死涅槃常共和

이사명연무분별　십불보현대인경
理事冥然無分別　十佛普賢大人境

능인해인삼매중　번출여의부사의
能仁海印三昧中　繁出如意不思議

우보익생만허공　중생수기득이익
雨寶益生滿虛空　衆生隨器得利益

시고행자환본제　파식망상필부득
是故行者還本際　叵息妄想必不得

무연선교착여의　귀가수분득자량
無緣善巧捉如意　歸家隨分得資糧

이다라니무진보　장엄법계실보전
以陀羅尼無盡寶　莊嚴法界實寶殿

궁좌실제중도상　구래부동명위불
窮坐實際中道床　舊來不動名爲佛

약왕이여, 만일 어떤 보살이 여래가 열반에 든 뒤,
어느 때에든 이 법문을 대중에게 설한다고 하자.
약왕이여, 그 보살은 여래의 방으로 들어가
여래의 옷을 몸에 걸치고, 여래의 자리에 앉아
이 법문을 대중에게 설할 것이다.
-법화경 '법사품'

산 왕 경

대산소산산왕대신 대악소악산왕대신
大山小山山王大神 大岳小岳山王大神

대각소각산왕대신 대축소축산왕대신
大覺小覺山王대神 大丑小丑山王大神

미산재처산왕대신 이십육정산왕대신
尾山在處山王大神 二十六丁山王大神

외악명산산왕대신 사해피발산왕대신
外岳名山山王大神 四海被髮山王大神

명당토산산왕대신　금궤대덕산왕대신
明堂土山山王大神　金櫃大德山王大神

청용백호산왕대신　현무주작산왕대신
靑龍白虎山王大神　玄武朱雀山王大神

동서남북산왕대신　원산근산산왕대신
東西南北山王大神　遠山近山山王大神

상방하방산왕대신　흉산길산 산왕대신
上方下方山王大神　凶山吉山山王大神

북두주 北斗呪

북두구신 중천대신 상조금궐 하부곤륜 조리강기 통제건곤

北斗九辰 中天大神 上朝金闕 下𡸁崑崙 調理綱紀 統制乾坤

대괴탐랑 문곡거문 녹존염정 무곡파군 고상옥황 자미제군

大魁貪狼 文曲巨門 祿存廉貞 武曲破軍 高上玉皇 紫微帝君

대주천제 세입미진 하재불멸 하복부진 원황정기 내합아신

大周天際 細入微塵 何災不滅 何福不臻 元皇正氣 來合我身

천강소지 주야상륜 속거소인 호도구령 원견존의 영보장생

天罡所指 晝夜常輪 俗居小人 好道求靈 願見尊儀 永保長生

삼태허정 육순곡생 생아양아 호아신형

三台虛精 六淳曲生 生我養我 護我身形

괴작관행 필보표 존제 급급 여율령 사바하(3번)

魁𩲃𩴾𩲸 魓魐魒 尊帝 急急 如律令

북두의 아홉성신이여!
중천에 계신 대신명님이여!
위로 상제님께서 계신 금궐을 비추시고,
아래로는 곤륜산을 덮으셨네.
이치를 바로하여 기강을 세우시고,
하늘과 별을 다스리시는
제일의 탐랑성과
문곡성과 거문성과
녹존성과 염정성과
무곡성과 파군성이다.
높고높은 옥황상제
자미성의 임금님이
크게는 하늘에서 미치지 않는 곳이 없고
작은 먼지까지 세세하게 살펴보시니,
어떠한 재난인들 멸하지 못하고,
어떠한 복인들 이르지 못할까!

으뜸이신 임금의 바른 기운이
나의 몸과 합하시고,
북두칠성이 가리키고,
밤낮없이 쉼 없이 항상 돌아
속세에 사는 소인이나
도를 구하는 영들에게
원함보다 존귀하게 헤아려서
영원히 보호하여 장생토록 하시네.
삼태성인 허정성과
육순성과 곡생성은
나를 낳아주시고 나를 길러주시고
나의 몸을 항상 보호해 주시는 도다.
괴성군, 작성군, 관성군, 행성군
필성군, 보성군, 표성군
존귀하신 상제님들이시여,
굽이굽이 살펴 도와주옵소서.

용왕경龍王經

사해용왕 지심귀명례 성신 대덕천해 일월 용왕 대신 사해바다 용왕대신 오방수부 용왕대신 엄 엄급급 여률령 사바하

성신삼주 호법 위태천신 용왕대신 성신 좌보처 사갈라 용왕대신 성신 좌보처 사갈라 용왕대신 성신 우보처 화수길 용왕대신 성신 일심봉청 비 장법보 주집군용 사가라 용왕 난타용왕 발난타 용왕 화수길용왕 덕차가용왕 아나바달다 용왕 마야사 용왕 우바나 용왕 여시내지 무량무변제 대 용왕 병종권속 유원승 삼보력 강림도량 수차 공양

향화청 시우해운 사대주 오화수출 구천두 도생 일념 3.8목동방 제두 뇌탁천왕 2.7화남방 비류 늑차천왕 4.9금서방 비류박차언왕 1.6수북방 비사 문천왕

파보당생 용왕천하 옥토지신 삼궁용왕
播寶瞠生 龍王天下 玉土地神 参宮龍王

금수유정 호궁용왕 순례칠춘 호정궁궐
僸修唯正 瑚宮龍王 循禮七賰 瑚淨宮闕

사해변보 호통성운 팔대미정 교정상정
四海變保 呼通聖雲 八大美正 教正相定

대소용전 운거학가 하객천통 삼호돌
大憹龍殿 云去學加 荷客天通 参瑚突

여심전력 합도강희 속강송정 왕희도강
與深全力 合道降希 速降送正 王希道降

오소매희 굴곡재배 마유천지 지심귀정
俉愫悔熙 窟谷栽陪 摩唯天地 至深貴正

육곡곡란 진심전력 물비상서 하강도청
育谷谷爛 眞深全力 物備上書 下降道請

복원 천존지비하야 천지가 열린 후에 사해용왕 생겨나니 동해용왕 광덕왕 남해용왕 광이왕 서해용왕 광택왕 북해용왕 광연왕 동해용왕 아명신 남해용왕 축융신 서해용왕 거승신 북해용왕 웅가신 사해용궁용왕 일월용왕대신 천해용왕대신 일월성신 용궁대신 사해용왕대신 용궁수부대감 용궁도사 용궁선녀 용태부인 용녀아씨 용궁동자

용궁용장군 용궁오천신장 용궁서낭 용궁군웅 동방청제용왕대신 남방적제용왕대신 서방백제용왕대신 북방흑제용왕대신

중앙황제용왕대신 오방도량용왕대신 부근도량용왕대신 용궁권속일체대신 합의동심하옵시고 수궁수맥 내리잡어 방방곡곡 돌고 돌아 흐름용왕 대용왕을 마련하고 억조창생 만민들을 급수공덕하시라고 면면촌촌 골골마다 솟을용궁 마련하여주시옵고 솟을용궁 마련할제 인방수는 수명장수마련하고 묘방수는 성현군자 마련하고 오방수는부귀공명 마련하고 유방수는 자손창성 마련하고자방수는 재물복을 마련하여 먹고남고 쓰고 남게 도와주옵시고
사방사천 남선부주 해동대한민국 (주소 생년월일 성명) 청정지도량 원아금차 지극지성 발원하옵고

이차인연공덕 일체병고액란 영위소멸 사대강건 육근청정 자손창성 수명장수 부귀영화 만사여의 원만형통지대원 원아금차 지극정성 청정도량 헌공발원 제자 금일 지극정성 용왕님전에 소소한 정성을 태산같은 마음으로 비옵나니 소래를 대래로 받으시고 (이러 이러한 정성이옵나니) 소구소원들 들어주옵소서.

환희조왕경歡喜竈王經

계수장엄 조왕신 시방조요 대광명
稽首莊嚴 竈王神 十方照曜 大光明

위광자재 조왕신 토지용신 개환희
威光自在 竈王神 土地龍神 皆歡喜

천상사관 조왕신 합가인중 총안녕
天上仕官 竈王神 闔家人衆 摠安寧

내외길창 조왕신 금은옥백 만당진
內外吉昌 竈王神 金銀玉帛 滿堂進

상봉길경 조왕신 악귀사신 퇴산거
常逢吉慶 竈王神 惡鬼邪神 退散去

지만주성 조왕신 억선만복 개구족
志望周成 竈王神 億善萬福 皆具足

이장안주 조왕신 부부가인 증복수
離障安住 竈王神 夫婦家人 增福壽

재앙영멸 조왕신 백병소제 대길상
災殃永滅 竈王神 百病消除 大吉祥

증시수호 조왕신 백곡승출 양잠배
曾時守護 竈王神 百穀勝出 養蠶倍

구호사택 조왕신　일체제신 개환희
救護舍宅 竈王神　一切諸神 皆歡喜

조왕대신 혜감명 사주인사 일념지
竈王大神 慧鑑明 四洲人事 一念知

애민중생 여적자 시고아금 공경례
哀愍衆生 如赤子 是故我今 恭敬禮

장엄스런 조왕신께 머리숙여 예하오니
크나크신 광명으로 시방세계 비추시고
위엄광명 자재하신 조왕신께 예하오니
토지신과 용신들이 모두환희 하나이다

천상세계 사관이신 조왕신께 예하오니
어찌아니 인간세계 평안하지 않으오리

안팎으로 길하옵신 조왕신께 예하오니
금과은과 옥과비단 그득하게 하옵소서
언제든지 경사스런 조왕신께 예하오니
악귀들과 사스러움 물러가게 하옵시고
뜻한바를 이뤄주는 조왕신께 예하오니
억만가지 선과복이 구족하게 하옵소서

장애떠나 안주하는 조왕신께 예하오니
부부가족 모두함께 복과수명 늘이옵고
길이재앙 소멸하는 조왕신께 예하오니
온갖질병 사라지고 크게길상 하옵소서

예로부터 수호신인 조왕신께 예하오니
오곡백과 양잠농사 모두늘게 하옵시고
온갖집안 구호하는 조왕신께 예하오니
천상천하 온갖신들 모두기뻐 하나이다

영가 천도문

영가시여
저희들이　지극정성　염불하고　독송하니
사바인연　마치시고　저승가실　영가시여
염불공덕　인연으로　삼독심을　여의옵고
무명업장　소멸하여　생사고해　벗어나소

염불하는　공덕으로　반야지혜　드러내서
영가위한　묘한법문　모두통달　하옵시고
해탈열반　성취하사　아미타불　계옵시는
극락정토　왕생하고　모두성불　하옵소서

인연따라　모인것은　인연따라　흩어지니

오는것도　인연이요　돌아감도　인연인걸
나서부터　맺은인연　인연다해　떠나가니
그무엇에　애착하고　그무엇을　슬퍼하랴

모든것은　무상하여　생한자는　필멸이라
태어났다　죽는것은　모든생명　이치여라
살아생전　집착하던　사대육신　무엇인고
한순간에　숨거두니　주인떠난　목석일세

일가친척　많이있고　부귀영화　누렸어도
저승길엔　누구하나　함께가지　아니하네
임금으로　태어나서　온천하를　호령해도
결국에는　죽는것을　영가님은　모르는가

사대육신　이와같이　허망하고　헛되어서
결국에는　사라지니　그무엇에　애착하리

이육신에 집착말고 참된도를 깨달으면
온갖고통 벗어나서 부처님을 친견하리

몸뚱이를 가진자는 그림자가 따르듯이
한세상을 살다보면 죄가없다 말못하리
살아생전 모든죄업 탐진치로 말미암아
신구의로 지었으니 모두참회 하옵소서

사바일생 다마치는 임종시에 영가님이
지은죄업 남김없이 부처님께 참회하고
한순간도 쉬지않고 부처님을 생각하면
가고오는 곳곳마다 그대로가 극락이리

가시는길 천리만리 극락정토 어디인가
번뇌망상 없어진곳 그자리가 극락이니
삼독심을 버리고서 부처님께 귀의하면

무명업장 벗어나서 극락세계 왕생하리
죄의실체 본래없어 마음따라 생기나니
마음씀이 없어질때 죄업또한 사라지네
죄란생각 없어지고 마음또한 텅비워서
무념처에 도달하면 참회했다 말하리라

한마음이 청정하면 온세계가 청정하니
모든업장 참회하고 모든번뇌 소멸하고
모든집착 벗어나서 청정으로 돌아가면
영가님이 가시는길 광명으로 가득하리

미웠던일 용서하고 탐욕심을 버려야만
청정하신 마음으로 불국정토 가시리라
삿된마음 멀리하고 미혹함을 벗어나서
반야지혜 이루시면 왕생극락 하오리다

태어났다 죽는것은 중생계의 흐름이라
이곳에서 가시면은 저세상에 태어나니
오는듯이 가시옵고 가는듯이 오신다면
이육신의 마지막을 걱정할것 없다하리

본마음은 고요하여 옛과지금 없다하니
태어남은 무엇이고 돌아감은 무엇인가
나고죽는 생사윤회 허공속의 아지랑이
원수거나 친한이나 죄와복도 꿈이로다

부처님이 관밖으로 양쪽발을 내미셨고
달마대사 총령으로 짚신한짝 메고갔네
이와같은 높은도리 영가님이 깨달으면
이미생사 넘었거늘 그무엇을 슬퍼하랴

뜬구름이 모였다가 흩어짐이 인연이듯

중생들의 생과사도 인연따라 나타나니
좋은인연 간직하고 나쁜인연 버리시면
이다음에 태어날때 좋은세상 만나리라

돌고도는 생사윤회 업식대로 따라가니
오고감을 슬퍼말고 환희로서 발심하여
무명업장 밝히시고 무거운짐 모두벗고
삼악도를 뛰어넘어 극락세계 가오리다

이세상에 처음올때 영가님은 누구셨고
사바일생 마치시고 가시는이 누구신가
이세상에 오실때는 어디에서 오셨으며
가시는곳 어디인줄 영가님은 아시는가

물이얼어 얼음되고 얼음녹아 물이되듯
이세상의 삶과죽음 물과얼음 같사오니

육친으로 맺은정을 가벼웁게 거두시고
청정해진 업식으로 극락왕생 하옵소서

겹겹쌓인 푸른산은 부처님의 도량이요
맑은하늘 흰구름은 부처님의 발자취며
뭇생명의 노래소리 부처님의 설법이고
대자연의 장엄함은 부처님의 마음이네

불심으로 바라보면 온세상이 불국토요
범부들의 마음에는 불국토가 사바로다
애착하던 사바일생 하루밤의 꿈같으니
나다너다 모든분별 본래부터 공이어라

맺고얽힌 모든감정 가시는길 짐되오니
염불하는 인연으로 남김없이 놓으소서
빈손으로 오셨다가 빈손으로 가시거늘

그무엇에 얽매여서 극락왕생 못하시나
저희들이 일심으로 독송하는 진언따라
맺은원결 모두풀고 지옥세계 무너지며
지극하온 정성으로 삼계고해 벗어나서
아미타불 극락세계 상품상생 하옵소서

나무아미타불

파지옥진언 - 옴 가라지야 사바하 (3번)

해원결진언 - 옴 삼다라 가다약 사바하 (3번)

상품상생진언 - 옴 마니다니 훔훔 바탁 사바하 (3번)

무 상 계 無常戒

무상계는 열반에 들어가는 요긴한 문이고 고해를 건너가는 자비의 배이니라.
부처님께서도 이 계를 의지하사 열반을 성취하셨고 중생도 이 계를 의지하여야
고해를 벗어날 수 있기 때문이니라.

○○ 영가시여.
이제 그대는 여섯 가지 감관과 여섯 가지 경계를 벗어나서 신령한 알음알이가 뚜렷이 드러났고, 부처님의 위대한 계를 받게 되었으니 이 얼마나 다행한 일인가.

○○ 영가시여.
겁이 다하여 말세가 되면 대천세계도 불타고 수미산과 큰 바다도 다 말라 없어지는 것인데, 어떻게 이 작은 몸뚱이가 벗어날 수 있겠는가

○○ 영가시여.
그대의 머리털과 손톱, 발톱, 뼈, 이, 가죽, 살, 힘줄, 해골, 때 같은 것은 다 흙으로 돌아가고 침, 콧물, 고름, 피, 진액, 가래, 눈물, 오줌 같은 것들은 다 물로변하고, 더운 기운은 불로 돌아가며 움직이는 기운은 바람으로 변하여 네 가지 요소가 다 각각 흐트러지는 것인데,
오늘날 ○○ 영가의 죽은 몸뚱이가 어디 있겠는가.
이 몸뚱이는 네 가지 요소로 된 거짓되고 헛된 것이니 아낄 것이 못되느니라.
그대는 끝없는 옛날부터 오늘날까지 무명의 근본이 되어 선악의 행업을 지었고,
이 행업으로 말미암아 이 세상에 태어나려는 일념을, 이 일념이 태중의 정신과 물질인 명색을, 명색이 여섯 기관을, 이 여섯 기관이 감촉 작용을, 감촉하는 작용은 지각 작용을,
지각은 애욕을, 애욕은 탐취심을, 탐취심은 다시 내세의 과가 되는 여러 가지 업을 짓고,

이 업은 다시 미래의 태어나는 연이 되므로 나서 늙고 병들고 죽고 근심하고 걱정하게 되느니라.
그러므로 번뇌가 없어지고 행이 없으면 금생의 중생으로 태어나는 일렴이 없어지고,
식이 없어지면 명색이 없어지고, 명색이 없어지면 여섯 감관이 없어지고,
육입이 없으면 객관과의 접촉이 없어지고, 촉이 없어지면 정신적인 식별작용도 없어지고, 수가 없으면 애착심도 없어지고, 애가 없으면 객관을 자기 것으로 만들려는 소유욕도 없어지고,
취가 없으면 금생의 행업도 없어지고, 남이 없으면 늙고 병들고 근심하고 걱정하는 것이 없어지느라.
세상의 모든 것 본래의 그 바탕은
항상 스스로 고요의 모습이니
불자가 닦고 닦아 다해 마치면
내세에 기어이 부처 이루리.
덧없다 이 세상의 모든 것을

나고 죽는 생멸법이니
났다 없다 이것만 초월하면
고요의 열반락 그것이어라.

부처님 계에 목숨바쳐 귀의합니다.
달마 계에 목숨바쳐 귀의합니다.
승가 계에 목숨바쳐 귀의합니다.

과거 보승이여 공양 받을 이,
바르게 다 아는 이,
지혜와 행을 구족한 이,
더 위없이 거룩한 이,
간절하게 조어하는 이,
부처님 세존께 목숨바쳐 귀의합니다.
○○ 영가시여.
그대는 다섯 쌓임을 벗어 버리고 신령한 알음알이가 뚜렷이 드러나
부처님의 거룩한 계를 받았으니 이 얼마나 통쾌한 일인가.

○○ 영가는 이제 하늘이나 불(佛) 세계나 마음
대로 태어날 수 있으니
참으로 통쾌하고 통쾌하도다.

서역을 떠나오신 달마의 뜻
마음만 거룩하면 성품 밝힌 것
묘한 본체 맑고 맑아 정한 처소 없으니
산이나 들이나 온 천지 광명뿐일세.

광명진언
光 明 眞 言

옴. 아모카. 바이로자나. 마하 무드라.마니.파드마.즈마라.프라바를타야 훔....

108...1080...300.000......독송하시오.

[공덕은 업장소멸, 소원 · 소구 · 소망성취, 고혼 · 애혼 · 영가 왕생극락]

阿彌陀經

1. 법회중증분(法會衆證分)
법회를 열다

여시아문 일시 불 재사위국기수급고독원 여대비구중천이백오십인 구
如是我聞 一時 佛 在舍衛國祇樹給孤獨園 與大比丘衆千二百五十人 俱
이와 같이 내가 들었다. 한 때 부처님께서 큰 스님 1,250명과 함께 사위국 기수급고독원에 계시었다.

개시대아라한 중소지식 장로사리불 마하목건련 마하가섭 마하가
皆是大阿羅漢 衆所知識 長老舍利佛 摩訶目犍連 摩訶迦葉 摩訶迦
전연 마하구치라 이바다 주리반타가 난타 아난타 라후라
旃延 摩訶俱絺羅 離婆多 周利槃陀伽 難陀 阿難陀 羅睺羅
이들은 모두 덕이 높은 아라한들로서 장로사리불, 마하목건련, 마하가섭, 마하가전연, 마하구치라, 리바다, 주리반트카, 난다, 아난다, 라후라,

교범바제 빈두루 파라타 가루타이 마하겁빈라 박구라 아니루타
憍梵婆提 賓頭盧 頗羅墮 迦留陀夷 摩訶劫賓羅 縛拘羅 阿尼樓馱
여시등제대제자
如是等諸大弟子

교범바제, 빈두로파라타, 가루다이, 마하겁빈나, 박구라, 아누루타와 같은 대 제자들이었다.

병제보살마하살 문수사리법왕자 아일다보살 건타하제보살 상정진
並諸菩薩摩訶薩 文殊師利法王子 阿逸多菩薩 乾陀訶諸菩薩 常精進
보살 여여시등제대보살 급석제환인등무량제천대중 구
菩薩 與如是等諸大菩薩 及釋提桓因等無量諸天大衆 俱

이 밖에 여러 보살이 계시었는데 법의 왕자인 문수사리를 비롯하여 아일다보살, 건타하제보살, 상정진보살 등 모든 대보살과 석제환인 등 수 많은 모든 하늘 대중들도 함께 있었다.

2. 불토의정분(佛土依正分)
극락세계를 말하다

이시 불고장로사리불 종시서방 과십만억불토 유세계 명왈극락 기
爾時 佛告長老舍利佛 從是西方 過十萬億佛土 有世界 名曰極樂 其
토 유불 호아미타 금현재설법
土 有佛 號訶彌陀 今現在說法

그때 부처님께서 장로이신 사리불에게 말씀하셨다. "여기로부터 서쪽으로 십만억 불국토를 지나가면 이름을 "극락"이라 부르는 세계가 있는데 그 곳에는 아미타라 부르는 부처님이 지금도 설교를 하시고 계시느니라.

3. 보수지연분(寶樹池蓮分)
극락세계를 설명하다

사리불 피토 하고 명위극락 기국 중생 무유중고 단수제락 고명극락
舍利佛 彼土 何故 名爲極樂 其國 衆生 無有衆苦 但受諸樂 故名極樂

사리불아! 그 세계를 왜 극락이라 부르는 줄 아느냐? 그 곳에 있는 중생들은 아무 괴로움 없이 즐거움만 누리고 있으므로 이름을 극락이라 하느니라.

우 사리불 극락국토 칠중난순 칠중나망 칠중행수 개시사보 주잡
又 舍利佛 極樂國土 七重欄楯 七重羅網 七重行樹 皆是四寶 周匝
위요 시고 피국 명위극락
圍繞 是故 彼國 名爲極樂

또 사리불아! 극락세계에는 일곱 겹 난간과 일곱 겹 그물과 일곱 겹 가로수가 있는데 이는 모두 네 가지 보석으로 둘러싸 장식되어 있으므로 그 곳을 극락이라 부르느니라.

우 사리불 극락국토 유칠보지 팔공덕수 충만기중 지저 순이금사
又 舍利佛 極樂國土 有七寶池 八功德水 充滿其中 池底 順以金沙

포지 사변계도 금은유리파려 합성
布地 四邊階道 金銀琉璃玻瓈 合成

사리불아! 또한 극락세계에는 칠보로 된 연못이 있는데 그 연못에는 여덟 가지 공덕의 물로 가득 찼고 연못 바닥에는 순금 모래가 깔려 있으며, 연못 네 변두리의 계단은 금, 은,

유리, 수정으로 만들어져 있느니라.

상유누각 역이금은유리파려자거 적주마노 이엄식지
上有樓閣 亦以金銀琉璃玻瓈硨磲 赤珠碼瑙 而嚴飾之
또 연못 위에 있는 누각도 역시 금, 은, 유리, 수정, 옥돌, 붉은 진주, 녹색옥으로 찬란하게 꾸며져 있으며,

지중연화 대여거륜 청색청광 황색황광 적색적광 백색백광 미묘향
池中蓮華 大如車輪 靑色靑光 黃色黃光 赤色赤光 白色白光 微妙香
결 사리불 극락국토 성취여시공덕장엄
潔 舍利佛 極樂國土 成就如是功德莊嚴
그 연못 가운데는 수레바퀴 만한 연꽃이 피어 푸른 꽃에서는 푸른 광채가 나고, 누른 꽃에서는 누른 광채가 나며, 붉은 꽃에서는 붉은 광채가 나고, 흰 꽃에서는 흰 광채가 나는데 미묘하며, 향기롭고 청결하느니라. 사리불아! 극락 세계는 이와 같은 공덕 장엄으로 이루어졌느니라.

4. 천인공양분(天人供養分)
하늘사람이 공양하다

우 사리불 피불국토 상작천악 황금위지 주야육시 우천만다라화
又 舍利佛 彼佛國土 常作天樂 黃金爲地 晝夜六時 雨天曼多羅華
사리불아! 또 그 극락세계에서는 항상 하늘 음악이 울리며, 땅은 황금색으로 빛나고 밤낮 여섯 때에 맞추어 연꽃 비가

내리고 있으며,

기토중생 상이청단 각이의극 성중묘화 공양타방십만억불 즉이식
其土衆生 以淸旦 各以衣극 盛衆妙華 供養他方十萬億佛 卽以食
시 환도본국 반사경행 사리불 극락국토 성취여시공덕장엄
時 還到本國 飯食經行 舍利佛 極樂國土 成就如是功德莊嚴

그 곳 중생들은 맑은 아침마다 제각기 꽃바구니에 아름다운 꽃을 담아 가지고 다른 시방세계의 십만억 부처님께 공양하고 조반 전에 돌아와 식사를 마치고 불도를 닦느니라. 사리불아! 극락 세계에는 이와 같은 공덕 장엄으로 이루어졌느니라.

5. 금수연법분(樹演法分)
새가 나무에서 법을 말하다

부차사리불 피국 상유종종 기묘잡색지조 백학공작앵무사리 가릉
復次舍利佛 彼國 常有種種 奇妙雜色之鳥 白鶴孔雀鸚鵡舍利 迦陵
빈가 공명지조 시제중조 주야육시 출화아음
頻伽 共命之鳥 是諸衆鳥 晝夜六時 出和雅音

또 사리불아! 그 극락세계에는 각종 기묘하게 여러 빛깔을 한 백학, 공작, 앵무새, 사리새, 극낙새, 공명새 등의 새들이 있으며, 이 새들은 항상 밤낮 여섯 때에 장단을 맞추어 우아한 소리로 노래를 하는데

기음 연창오근오력 칠보리분 팔성도분 여시등법 기토중생 문시음
其音 演暢五根五力 七菩提分 八聖道分 如是等法 其土衆生 聞是音
이 개실염불염법염승
已 皆悉念佛念法念僧
그 노래 소리는 오근과 오력, 칠보리와 팔정도 같은 법을 노래하는 것이니라. 그 세계의 중생들이 이 노래소리를 들으면 모두 부처님을 생각하고, 법문을 생각하며, 스님들을 생각하게 되느니라.

사리불 여물위차조 실시죄보소생 소이자하 피불국토 무삼악도
舍利佛 汝勿謂此鳥 實是罪報所生 所以者何 彼佛國土 無三惡道
사리불아! 너는 이 새들이 죄의 업보로 태어났다고 생각하지 말지니라. 왜냐하면 그 극락세계에는 삼악도(三惡道)가 없기 때문이니라.

사리불 기불국토 상무악도지명 하황유실 시제중조 개시아미타불
舍利佛 其佛國土 尚無惡道之名 何況有實 是諸重鳥 皆是訶彌陀佛
욕영법음선류 변화소작
欲令法音宣流 變化所作
사리불아! 그 곳에는 악도라는 이름이 없는데 하물며 그러한 업보가 있겠느냐. 이 새들은 법문을 전하기 위하여 모두 아미타불께서 화현(化現)으로 만드신 것이니라.

사리불 피불국토 미풍 취동 제보행수 급 보라망 출 미묘음 비여백
舍利佛 彼佛國土 微風 吹動 諸寶行樹 及 寶羅網 出 微妙音 譬如百

천종악 동시구작
千種樂 同時俱作
사리불아! 그 극락세계에서 잔잔한 바람이 불면 보석으로 이루어진 모든 가로수와 그물에서 미묘한 소리가 나는데 그것은 마치 백천 가지 악기가 합주되는 듯하며,

문시음자 자연개생염불염법염승지심 사리불 기불국토 성취여시공덕장엄
聞是音者 自然皆生念佛念法念僧之心 舍利佛 其佛國土 成就如是功德莊嚴
그 소리를 듣는 사람은 모두 부처님을 생각하고, 법문을 생각하며, 스님들을 생각하는 마음이 저절로 우러나느니라. 사리불아! 그 극락세계는 이와 같은 공덕 장엄으로 이루어졌느니라.

6. 불덕무량분(佛德無量分)
부처님의 덕을 말하다

사리불 어 여의운하 피불 하고 호아미타 사리불 피불광명 무량 조
舍利佛 於 汝意云何 彼佛 何故 號訶彌陀 舍利佛 彼佛光明 無量 照
시방국 무소장애 시고 호위아미타 우 사리불 피불수명 급기인민
十方國 無所障礙 是故 號爲訶彌陀 又 舍利佛 彼佛壽命 及其人民
무량무변아승지겁 고명아미타
無量無邊阿僧祇劫 故名訶彌陀

사리불아! 너는 그 부처님을 왜 "아미타"라 부르는지 아느냐? 사리불아! 그 부처님의 광명은 한량없이 시방세계를 비추어도 조금도 걸림이 없기 때문에 "아미타"라 부르니라. 사리불아! 또 그 부처님의 수명과 그 나라 백성의 수명이 한량없고 끝없는 아승지겁이므로 "아미타"라 하느니라.

사리불 아미타불 성불이래 어금십겁 우 사리불 피불 유 무량무변
舍利佛 阿彌陀佛 成佛以來 於今十劫 又 舍利佛 彼佛 有 無量無邊
성문제자 개 아라한
聲聞弟子 皆 阿羅漢

사리불아! 아미타불이 부처가 된지 이제 열 겁(十劫)이 되었느니라. 사리불아! 그 부처님에게는 한량없고 끝없이 많은 성문 제자가 있는데 이들은 모두 아라한으로서

비시산수 지소능지 제보살중 역부여시 사리불 피불국토 성취여시
非是算數 之所能知 諸菩薩衆 亦復如是 舍利佛 彼佛國土 成就如是
공덕장엄
功德莊嚴

그 수를 헤아릴 수 없으며, 보살 대중의 수도 또한 그러하니라. 사리불아! 그 극락세계는 이와 같은 공덕 장엄으로 이루어졌느니라.

7. 왕생발원분(往生發願分)
왕생하기를 빌다

우 사리불 극락국토 중생생자 개시아비발치 기중 다유일생보처 기
又 舍利佛 極樂國土 衆生生者 皆是阿鞞跋致 其中 多有一生補處 其
수심다 비시산수 소능지지 단가이무량무변아승지 설
數甚多 非是算數 所能知之 但可以無量無邊阿僧祇 說

사리불아! 극락세계에 태어나는 중생들은 모두 아비발치이므로 그 중에는 일생보처(一生補處)로 있는 분들이 매우 많아 그 수를 숫자로 헤아릴 수 없어 다만 한량없고 끝없는 아승지로 밖에 표현할 수 없느니라.

사리불 중생문자 응당발원 원생피국 소이자하 득여여시제상선인
舍利佛 衆生聞者 應當發願 願生彼國 所以者何 得與如是諸上善人
구회일처
俱會一處

사리불아! 이 말을 듣는 중생들은 마땅히 소원을 빌어 그 세계에 가서 태어나기를 원해야 할 것이니라. 왜냐하면, 그 곳에 가서 태어나면 이와 같이 착한 사람들과 함께 살 수 있기 때문이니라.

8. 수지정행분(修持正行分)
정행을 닦고 지니다

사리불 불가이소선근복덕인연 득생피국 사리불 약유선남자선여인
舍利佛 不可以少善根福德因緣 得生彼國 舍利佛 若有善男子善女人
문설아미타불 집지명호 약일일약이일약삼일약사일 약오일약육일
聞說阿彌陀佛 執持名號 若一日若二日若三日若四日 若五日若六日
약칠일 일심불란
若七日 一心不亂

사리불아! 조그마한 선근이나 복덕의 인연으로는 그 세계에 가서 태어날 수 없느니라. 만약 어떤 선남자 선여인이 아미타불의 이야기를 듣고 하루나 이틀 혹은 사흘, 나흘, 닷새, 엿새, 이렛동안 한결 같은 마음으로 아미타불의 이름을 외우면

기인 임명종시 아미타불 여제성중 현재기전 시인종시 심불전도 즉
其人 臨命終時 阿彌陀佛 與諸聖衆 現在其前 是人終時 心不顚倒 卽
득왕생아미타불국토
得往生阿彌陀佛國土

그 사람이 임종할 때 아미타불이 모든 성인들과 함께 그 앞에 나타날 것이니라. 그러면 그 사람의 마음이 전도되지 않아 곧바로 아미타불의 극락세계에 가서 태어나게 되느니라.

사리불 아견시리 고설차언 약유중생 문시설자 응당발원 생피국토
舍利佛 我見是利 故說此言 若有衆生 聞是說者 應當發願 生彼國土

사리불아! 나는 이러한 이로움을 아는 까닭에 이러한 말을 하는 것이니 만약 어떤 중생이 이 말을 들으면 그 사람은 당연히 그 곳에 가서 태어나기를 원해야 하느니라.

9. 동찬권신분(同讚勸信分)
부처님을 찬탄하고 믿음을 권하다

사리불 여아금자 찬탄아미타불불가사의공덕지리 동방 역유아촉비
舍利佛 如我今者 讚嘆阿彌陀佛不可思議功德之利 東方 亦有阿閦鞞
불 수미상불 대수미불 수미광불 묘음불 여시등 항하사수제불
佛 須彌相佛 大須彌佛 須彌光佛 妙音佛 如是等 恒河沙數諸佛

사리불아! 내가 지금 아미타불의 불가사의한 공덕의 이로움을 찬탄하는 것처럼 동방에도 또한 아촉비불, 수미상불, 대수미불, 수미광불, 묘음불 등 갠지스강의 모래알 수와 같이 수많은 부처님들이 계셔서

각어기국 출 광장설상 변부삼천대천세계 설 성실언 여등중생 당신
各於其國 出 廣長舌相 遍復三千大千世界 說 誠實言 汝等衆生 當信
시칭찬 불가사의공덕 일체제불 소호념경
是稱讚 不可思議功德 一切諸佛 所護念經

각기 그 세계에서 삼천대천세계에 두루 미치는 큰 목소리로 성실하게 법을 전하시나니 너희 중생들은 마땅히 이 불가사의한 공덕을 찬탄하시는 모든 부처님이 보호하는 이 경을 믿어야 하느니라.

사리불 남방세계 유일월등불 명문광불 대염견불 수미등불 무량정
舍利佛 南方世界 有日月燈佛 名聞光佛 大燄肩佛 須彌等佛 無量精
진불 여시등 항하사수제불
進佛 如是等 恒河沙數諸佛
사리불아! 남방세계에도 일월등불, 명문광불, 대염견불, 수미등불, 무량정진불 등등 갠지스강의 모래알 수와 같이 수많은 부처님들이 계셔서

각어기국 출 광장설상 변부삼천대천세계 설 성실언 여등중생 당신
各於其國 出 廣長舌相 遍復三千大千世界 說 誠實言 汝等衆生 當信
시칭찬 불가사의공덕 일체제불 소호념경
是稱讚 不可思議功德 一切諸佛 所護念經
각기 그 세계에서 삼천대천세계에 두루 미치는 큰 목소리로 성실하게 법을 전하시나니 너희 중생들은 마땅히 이 불가사의한 공덕을 찬탄하시는 모든 부처님이 보호하는 이 경을 믿어야 하느니라.

사리불 서방세계 유무량수불 무량상불 무량당불 대광불 대명불 보
舍利佛 西方世界 有無量壽佛 無量相佛 無量幢佛 大光佛 大明佛 寶
상불 정광불 여시등 항하사수제불
相佛 淨光佛 如是等 恒河沙數諸佛
사리불아! 서방세계에도 무량수불, 무량상불, 무량당불, 대광불, 대명불, 보상불, 정광불 등 갠지스강의 모래알 수와 같이 수많은 부처님들이 계셔서

각어기국 출 광장설상 변부삼천대천세계 설 성실언 여등중생 당신
各於其國 出 廣長舌相 遍復三千大千世界 說 誠實言 汝等衆生 當信
시칭찬 불가사의공덕 일체제불 소호념경
是稱讚 不可思議功德 一切諸佛 所護念經

각기 그 세계에서 삼천대천세계에 두루 미치는 큰 목소리로 성실하게 법을 전하시나니 너희 중생들은 마땅히 이 불가사의한 공덕을 찬탄하시는 모든 부처님이 보호하는 이 경을 믿어야 하느니라.

사리불 북방세계 유염견불 최승음불 난저불 일생불 망명불 여시등
舍利佛 北方世界 有燄肩佛 最勝音佛 難沮佛 一生佛 網明佛 如是等

항하사수제불
恒河沙數諸佛

사리불아! 북방세계에도 염견불, 최승음불, 난저불, 일생불, 망명불 등 등 갠지스강의 모래알 수와 같이 수많은 부처님들이 계셔서

각어기국 출 광장설상 변부삼천대천세계 설 성실언 여등중생 당신
各於其國 出 廣長舌相 遍復三千大千世界 說 誠實言 汝等衆生 當信
시칭찬 불가사의공덕 일체제불 소호념경
是稱讚 不可思議功德 一切諸佛 所護念經

각기 그 세계에서 삼천대천세계에 두루 미치는 큰 목소리로 성실하게 법을 전하시나니 너희 중생들은 마땅히 이 불가사의한 공덕을 찬탄하시는 모든 부처님이 보호하는 이 경을 믿어야 하느니라.

사리불 하방세계 유사자불 명문불 명광불 달마불 법당불 지법불
舍利佛 下方世界 有獅子佛 名聞佛 名光佛 達磨佛 法幢佛 持法佛
여시등 항하사수제불
如是等 恒河沙數諸佛

사리불아! 하방세계에도 사자불, 명문불, 명광불, 달마불, 법당불, 지법불 등 갠지스강의 모래알 수와 같이 수많은 부처님들이 계셔서

각어기국 출 광장설상 변부삼천대천세계 설 성실언 여등중생 당신
各於其國 出 廣長舌相 遍復三千大千世界 說 誠實言 汝等衆生 當信
시칭찬 불가사의공덕 일체제불 소호념경
是稱讚 不可思議功德 一切諸佛 所護念經

각기 그 세계에서 삼천대천세계에 두루 미치는 큰 목소리로 성실하게 법을 전하시나니 너희 중생들은 마땅히 이 불가사의한 공덕을 찬탄하시는 모든 부처님이 보호하는 이 경을 믿어야 하느니라.

사리불 상방세계 유범음불 숙왕불 향상불 대염견불 잡색보화엄신
舍利佛 上方世界 有梵音佛 宿王佛 香上佛 大燄肩佛 雜色寶華嚴身
불 사라수왕불 보화덕불 견일체의불 여수미산불 여시등 항하사수
佛 娑羅樹王佛 寶華德佛 見一切義佛 如須彌山佛 如是等 恒河沙數
제불
諸佛

사리불아! 상방세계에도 범음불, 수왕불, 향상불, 대염견불, 잡색보화엄신불, 사라수왕불, 보화덕불, 견일체의불, 여수미산불 등 갠지스강의 모래알 수와 같이 수많은 부처님들이 계셔

서

각어기국 출 광장설상 변부삼천대천세계 설 성실언 여등중생 당신
各於其國 出 廣長舌相 遍復三千大千世界 說 誠實言 汝等衆生 當信
시칭찬 불가사의공덕 일체제불 소호념경
是稱讚 不可思議功德 一切諸佛 所護念經

각기 그 세계에서 삼천대천세계에 두루 미치는 큰 목소리로 성실하게 법을 전하시나니 너희 중생들은 마땅히 이 불가사의한 공덕을 찬탄하시는 모든 부처님이 보호하는 이 경을 믿어야 하느니라.

10. 문법신원분(聞法信願分)
법을 듣고 믿기를 원하다

사리불 어 여의운하 하고 명위일체제불 소호념경 사리불 약유선남
舍利佛 於 汝意云何 何故 名爲一切諸佛 所護念經 舍利佛 若有善男
자선여인 문시경수지자 급문제불명자 시제선남자선여인 개위일체
者善女人 聞是經受持者 及聞諸佛名者 是諸善男子善女人 皆爲一切
제불지소호념 개득불퇴전어아뇩다라삼먁삼보리
諸佛之所護念 皆得不退轉於阿耨多羅三藐三菩提

사리불아! 너는 왜 이 경을 모든 부처님들이 보호하는 경이라고 하는 줄 아느냐? 만약 어떤 선남자 선여인들이 이 경을 듣고, 받아 지니거나 부처님의 이름을 들으면 모든 부처님의 보호를 받아 이 모든 선남자선여인이 아뇩다라삼먁삼보리(부

처님의 깨달음)로부터 물러나지 않기 때문이니라.

시고 사리불 여등 개당신수아어 급제불소설
是故 舍利佛 汝等 皆當信受我語 及諸佛所說
그러므로 사리불아! 너희들은 내 말과 모든 부처님의 말씀을 당연히 믿고 받아들여야 하느니라.

사리불 약유인 이발원 금발원 당발원 욕생아미타불국자 시제인등
舍利佛 若有人 已發願 今發願 當發願 欲生阿彌陀佛國者 是諸人等
개득불퇴전어아뇩다라삼막삼보리
皆得不退轉於阿耨多羅三藐三菩提
사리불아! 만약 어떤 사람이 아미타불의 세계에 가서 태어나기를 이미 빌었거나 지금 빌거나 앞으로 빈다면 이 사람은 "아뇩다라삼먁삼보리"로부터 물러나지 않게 되어

어피국토 약이생 약금생 약당생 시고 사리불 제선남자선여인 약유
於彼國土 若已生 若今生 若當生 是故 舍利佛 諸善男子善女人 若有
신자 응당발원 생피국토
信者 應當發願 生彼國土
그 세계에 이미 태어났거나 지금 태어나는 중이거나 앞으로 태어날 것이니라. 그러므로 사리불아! 모든 선남자 선여인으로서 믿는 마음이 있는 사람은 마땅히 극락세계에 가서 태어나기를 빌어야 하느니라.

11. 호찬감발분(互讚感發分)
서로 칭찬하고 감동하다

사리불 여아금자 칭찬제불불가사의공덕 피제불등 역칭찬아 불가
舍利佛 如我今者 稱讚諸佛不可思議功德 彼諸佛等 亦稱讚我 不可
사의공덕 이작시언 석가모니불 능위심난희유지사
思議功德 而作是言 釋迦牟尼佛 能爲甚難希有之事

사리불아! 내가 지금 모든 부처님의 불가사의한 공덕을 칭찬하듯이 그 부처님들도 또한 나의 불가사의한 공덕을 칭찬하실 것이니라. 즉, "석가모니 부처님이 매우 어렵고 거룩한 일을 하기 위하여

능어사바국토오탁악세 겁탁 견탁 번뇌탁 중생탁 명탁중 득아뇩다
能於娑婆國土五濁惡世 劫濁 見濁 煩惱濁 衆生濁 命濁中 得阿耨多
라삼먁삼보리 위제중생 설시일체 세간난신지법
羅三藐三菩提 爲諸衆生 說是一切 世間難信之法

능히 사바세계의 시대가 흐리고, 견해가 흐리고, 번뇌가 흐리고, 중생이 흐리며, 생명이 흐린 오탁악세에서 아뇩다라삼먁삼보리를 얻고 모든 중생들을 위하여 세상에서 믿기 어려운 설교를 한다"고 하시느니라.

사리불 당지 아어오탁악세 행차난사 득 아뇩다라삼먁삼보리 위일
舍利佛 當知 我於五濁惡世 行此難事 得 阿耨多羅三藐三菩提 爲一
체세간 설차난신지법 시위심난
切世間 說此難信之法 是爲甚難

사리불아! 명심하거라. 내가 오탁악세에서 이 어려운 일을 하여 "아뇩다라삼먁삼보리"를 얻고 모든 세상 사람을 위하여 믿기 어려운 설교를 하는 것은 매우 어려운 일이니라.

12. 유통보도분流通普度分
법을 전하여 널리 제도하다

불설차경이 사리불 급제비구 일체세간천인아수라등 문불소설 환
佛說此經已 舍利佛 及諸比丘 一切世間天人阿修羅等 聞佛所說 歡
희신수 작례이거
喜信受 作禮而去

부처님께서 이 경의 말씀을 모두 마치시니 사리불, 스님들, 모든 세상의 하늘인간 및 아수라 등이 부처님의 말씀을 듣고 기뻐하면서 믿고 받아들여 예배하고 물러갔다.

사유(死有)에서 해탈(解脫)로 가는 길

사유(死有)의 현상(現狀)

- 육체(肉體)의 죽음에서 임종(臨終)의 정광명(淨光明)의 발현(發顯)까지 -

부처님의 가르침에 의하면 인간(人間)의 죽음은 먼저 육신(肉身)의 구성요소인 사대(四大)=지수화풍(地水火風)가 차례대로 흩어지는 과정을 통하여 이루어지고,

이어서 의식(意識)의 내적 변천(變遷)을 여러 단계로 겪으면서 사유(死有)(임종(臨終)의 바르도)를 거쳐서 중유(中有)(중음(中陰)의 세계(世界))에 다다르고,

여기에서 해탈(解脫)을 얻지 못하면 다시 윤회세계(輪廻世界)의 여섯 갈래=지옥, 아귀, 축생, 아수라, 인간, 천상로 태어나게 됩니다.

1. 먼저 사대(四大)가 흩어지는 순서(順序)와 과정(過程)을 다음과 같이
○○○영가(靈駕)님께 말씀드리겠으니
영가(靈駕)님은 정신(精神) 바짝 차리고 지금부터 [스님, 법사]님
이 하는 말을 잘 들으시오.

첫째로 지대(地大)가 흩어집니다.

○○○영가(靈駕)님

인체(人體)의 머리카락, 손톱, 이빨, 피부, 살, 힘줄, 뼈 등
의 구성요소(構成要素)인 지대(地大)가 소멸(消滅)되어 수대(水大) 속으로 흩어지
면,
마치 물이 땅속으로 꺼져드는 듯한 느낌과 눈으로는
바깥 사물을 식별(識別)하지 못하며,
몸은 움직이지 못하는 등의 외적(外的) 증상과 안으로는 연(煙)
기(氣)가 피어오르는 듯한 느낌을 받게 되는 내적(內的) 증상이
생겨나게 됩니다.
이것은 오온(五蘊) 중(中)의 색온(色蘊)이 붕괴하는 현상과 일치하며,

또한 「안식(眼識)」이 소멸(消滅)되어 없어지게 됩니다.

둘째로 수대(水大)가 흩어집니다.

○○○ 영가(靈駕)님

침, 콧물, 고름, 피, 진액, 가래, 눈물, 정액, 대소변 등의 구성요소인 수대(水大)가 소멸(消滅)되어, 화대(火大) 속으로 흩어지면 몸의 수분(水分)이 마르게 됨과 동시에 귀로는 소리를 듣지 못하는 외적 현상(現狀)과 안으로는 아지랑이가 아물아물 피어오르는 듯한 시감(視感)을 갖게 되는 내적 현상이 발생(發生)합니다.

이것은 수온(水蘊)이 붕괴하는 현상이자 「이식(耳識)」이 소멸(消滅)하며 없어지는 것이기도 합니다.

셋째로 화대(火大)가 흩어집니다.

○○○ 영가(靈駕)님

몸의 더운 기운인 화대(火大)가 소멸(消滅)되어 풍대(風大) 속으로 흩어지면, 몸은 식어 굳어지고 코로는 냄새를 맡지 못하는 외적(外的)증상과 내적(內的)으로는 반딧불이 반짝거리는 뜻한 시감이 생겨나는 내적(內的) 증상이 발생(發生)합니다.

이것은 상온(想蘊)이 붕괴하는 현상(現狀)이자「비식(鼻識)」의 소멸(消滅)이기도 합니다.

넷째로 풍대(風大)가 흩어집니다.

○○○ 영가(靈駕)님

몸의 신진대사 활동(活動)과도 같은 풍대(風大)가 소멸(消滅)되어, 공대(空大)로 돌아가면 숨은 더 이상 들어 쉴 수 없게 되어, 호흡이 끊어지게 됩니다. 몸은 일체의 감각기능(感覺機能)을 상실하고 촉식(觸識)이 끊어지는 외적현상(外的現狀)과 안으로는 바람 속에서 등불이 깜빡거리는 뜻한 느낌의 내적 현상(現狀)이 생겨납니다.

이것은「행온(行蘊)」이 붕괴하는 현상이기도 합니다.

2. 다음으로 의식(意識)의 넷 단계 과정(過程)을 통(通)한 소멸(消滅)과 현(現)

상(狀)을 말씀드리겠습니다.

부처님의 가르침에 의하면 우리들의 의식(意識)의 내적(內的)단계는 풍(風)(기(氣)), 맥(脈)(신경), 명점(明点)의 세 가지 기본(基本)요소로 구성되어 있으며, 이중 풍(風)(기(氣))은 인체(人體)의 신경도관 속에 퍼져 존재(存在)한다고 합니다. 이 풍(風)은 형상이 없으며 움직이는 작용(作用)과 불 파괴적 성질을 갖고 있는 존재(存在)로 우리들의 의식(意識)과는 불가분(不可分)리적 상호존재적(相互存在的)인 관계에 놓여 있습니다.

이 같은 미세(微細)한 풍(風)(기(氣))의 작용(作用)에 의해서 비로소 의식(意識)의 활동(活動)이 생겨나게 되어 여섯 가지 경계(境界)에 반연하는 연심(緣心)이 성립(成立)하게 된다고 봅니다.

부처님말씀에서는 이와 같은 허망분별심(虛妄分別心)의 수를 여든 가지로 파악하며 우리들의 본래(本來)의 순수한 의식(意識)을 오염(汚染)시키는 번뇌(煩惱)와 소지장으로 보며. 윤회전생(輪廻前生)의 원인(原因)으로 봅니다.

그런데 이 같은 오염된 우리들의 의식이 죽음이란 자연적(自然的) 정화과정을 통(通)하여 수행(修行)이란 고(苦)된 방법(方法)을 빌리지 않고서도. 자동발생적(自動發生的)으로 최고(最高)의 의식(意識)상태에 도달할 수 있다고 주장합니다.

다시 말해 죽음에서 중유(中有)의 세계(世界)로 넘어가는 짧은 과정에서 잠시기간 동안 임종(臨終)의 정광명이라 불리는 본래(本來)의 순수의식(純粹意識)의 상태가 현현하게 된다 하겠습니다.

의식(意識)의 변화(變化)과정을 다음의 네 가지 단계로 설명(說明)할 수 있습니다.

첫째는 하얀 달빛의 광명이 빛나는 차제입니다.

○○○ **영가(靈駕)님**

사대(四大)의 붕괴(崩壞)하는 죽음이란 현상(現狀)을 통하여 왕성한 사유 활동을 조직했던 다섯가지 의식(意識)(안이비설촉(眼耳鼻舌觸))의 작용(作用)이 소멸(消滅)함에 따라서 살아있을 때보다 훨씬 명료(明瞭)하고 고요한 정신(精身)상태를 누리게 된 임종(臨終)의 의식(意識)은 새로운 각성의 상태로 진보(進步)하게 됩니다.

그것은 마치 맑고 푸른 가을 하늘에 하얀 달빛이 가득 차오르는 현상(現狀)에다 비유(譬喩)할 수 있는 것으로 이 같은 경계(境界)는 다섯가지 의식(意識)의 작용(作用)을 일으켰던 풍(기)(風氣)가 소멸(消滅)하여 분별심(分別心)이 생겨나지 않게 됨에 따라 자연적으로 생겨나는 의식의 맑은 상태라고 합니다.

티벳어로는 ['까르람 낭왜 이쎄'] 라고 합니다.

둘째는 붉은 태양의 광명이 빛나는 차제입니다.

○○○ **영가(靈駕)님**

80여 가지의 허망분별심(虛妄分別心) 가운데서 하품분별심(下品分別心) 33가지와 그것과 불가분이적(不可分離的) 의존관계(依存關係)에 있는 풍(기)(風氣)이 다음 차례로 자연적(自然的)으로 흩어지게 됨과 동시(同時)에 임종(臨終)의 의식(意識)은 더욱 깊은 각성의 상태로 나아가게 됩니다.

그것은 마치 맑고 푸른 가을 하늘에 붉은 태양빛이 가

득 비추는 것과 같고, 적황색(赤黃色)의 아름다운 노을이 허공을 덮는 것과 같습니다.

이와 같은 의식(意識)상태를 티벳어로는 「**'체왜마르람이 쎄'**」라고 부릅니다.

셋째는 까만 어둠이 덮히는 차제입니다.

ㅇㅇㅇ **영가(靈駕)님**

붉은 태양의 광명이 빛나는 차체가 지나고 나면 중품(中品) 분별의식(分別意識) 40가지와 그것의 탈것인 풍(風)(기(氣))이 다시 자연적(自然的)으로 소멸(消滅)되어 임종의식(臨終意識)은 더욱 더 깊은 각성의 상태로 진입하게 되는데,

그것은 마치 맑고 푸른 하늘에 묵빛 어둠이 자욱히 덮힌 듯이 임종의 의식은 잠시간 완전히 캄캄한 암흑 속에 빠져들어 기억을 점차 잃어버린체 아무것도 인식할 수 없는 자기상실의 혼절 상태에 빠져들게 됩니다.

이와 같은 의식상태는 티트벳어로는 「**'낙람네르톱이 쎄'**」라고 부릅니다.

넷째는 원초의 광명이 빛나는 차제입니다.

○○○ **영가님**
靈駕

까만 어둠이 덮히는 차제가 지나고 나면 80가지의 분별심 가운데서 최후로 남아있는 7가지의 극미세한 분별심과 그것의 운반체인 풍(기)이 마지막으로 소멸하게 되면 비로소 일체의 객진번뇌를 초월하여 존재하는 임종의 정광명이 발현하게 되고, 임종의 의식은 순간적으로 법신불의 상태에 자동적으로 도달하게 됩니다.
風 氣 / 客塵煩惱 / 法身佛

이와 같은 임종의 정광명은 순수의식이 갖고 있는 본래의 상태로서 의식이 도달할 수 있는 마지막 구경의 경지라고 불교에서는 말합니다.
臨終 / 純粹意識 / 究竟 / 境地 / 佛敎

이와 같은 경지는 마치 맑고 푸른 가을 하늘에 먼동이 터오는 아침에 하얗고 눈부신 광명이 방사되는 것과 같이 찾아옵니다.

이것을 티트벳어로 「**'씬뚜타왜쎔 치왜왜쌜'**」이라 합니다.

이 임종의 정광명은 비로자나 법신불(法身佛)의 무량광명(無量光明)이며 무량수명(無量壽命)이며 일체분별심(一切分別心)이 생겨나는 근원(根源)인 기(氣) 위의 마음이라 부릅니다.

이것은 처음도 중간도 끝남도 없이 본대로 존재하는 마음이자 일체중생에게 차별없이 갖추어 있는 불성(佛性)이기도 합니다.

이와 같은 임종의 정광명(淨光明)은 두 차례에 걸쳐서 죽은 자의 의식 속에 나타나게 됩니다.

첫 번째는 죽음의 순간에 나타나는 최초의 빛과 둘째는 최초의 빛이 지나가고 호흡이 완전히 정지되고 나서, 한식경(30분) 쯤 지난 후에 찾아오는 두 번째의 임종의 광명이 그것입니다.

그러므로 이와같은 임종의 정광명을 사자(死者)가 깨닫고 그 빛과 합일을 이룰 때 사자(死者)는 법신(法身)의 경지를 이루어 윤회세계(輪廻世界)로 부터 영원히 벗어나는 해탈(解脫)을 성취할 수 있습니다.

그러므로, 『티벳 사자(死者)의 서(書)』에서는 이것을 강조하여 영가(靈駕)가 깨닫기를 다음과 같이 말하고 있습니다.

“아, 고귀하게 **태어난 ○○○ 영가님이여**, 들으라. 이제 그대는 순수한 존재의 근원에서 나오는 투명한 빛을 체험하고 있다. 그것을 깨달으라.

아, 고귀하게 태어난 자여, 그대의 현재의 마음이 곧 존재의 근원이며 완전한 선(善)이다.

그것은 본래 텅빈 것이고, 모습도 없고 색깔도 없는 것이다.

그대 자신의 마음이 곧 참된 의식이며 완전한 선(善)을 지닌 붓다임을 깨달으라.

그것은 텅빈 것이지만 아무 것도 없는 텅빔이 아니라 아무런 걸림도 없고, 스스로 빛나며 기쁨과 행복으로 가득한 텅빔이다.

본래 텅비어 있고 아무런 모습도 갖지 않는 그대의 참된 의식이 곧 **그대의 마음이다.**

그것은 스스로 빛나고 더없는 행복으로 가득한 世界이

다. 이 둘은 서로 다른 것이 아니라 하나이다.
그 하나됨이 바로 완전한 깨달음의 상태다.
그대 자신의 마음이 바로 영원히 변치 않는 빛 아미타바(아미타불(阿彌陀佛))이다. 그대의 마음은 본래 텅빈 것이고 스스로 빛나며, 저 큰 빛의 몸으로부터 떨어질 수 없다.
그것은 태어남도 없고 죽음도 없다. 이것은 깨닫는 것으로 충분하다. 본래 텅빈 그대 자신의 마음이 곧 붓다임을 깨닫고,
그것이 곧 그대 자신의 참된 의식임을 알 때 그대는 붓다의 마음상태에 머물게 되리라."

여기에서 우리들은 티벳의 불교종파(佛敎宗派)의 하나인 게룩빠의 창시자인 쫑카빠의 견해를 귀담아 들을 필요가 있습니다.

그는 짜그라 삼빠바(승락금강불)께 바치는

「기원문에서

"임종의 정광명에서 법신(法身)을,

중유(中有)의 사령체(중음신(中陰身))에서 보신(報身)을,

탄생의 바르도(생유(生有))에서 화신(化身)을 성취하는 묘결을 배우고 닦아서, 그와 같이 이루게 하소서」"

라고 하였듯이 우리들은 죽음과 바르도(중음(中陰)의 세계(世界))를 통하여 분명하게 드러나는 생명의 참모습을 바르게 깨닫고,

평소에 ○○○ **영가(靈駕)님**은 의식의 명정함을 얻어서 또는 습관화(習慣化)된 습관력(習慣力)에 의지하여, 죽음과 바르도를 붓다의 삼신(三身)[법신(法身), 보신(報身), 화신(化身)]을 성취하는 해탈의 기회이자 더 높은 차원의 세계에로 환생하는 길로 삼는 지혜가 필요하다 하겠습니다.

○○○ 영가(靈駕)님

위의 부처님의 가르침을 가슴 깊이 새기어서 아미타

부처님 계신 극락세계 가시옵소서.

그리고 다시는 사바세계 윤회계에 오지 마옵소서.

나 무 아 미 타 불

나무아미타불

나무아미타불

"염불할 때가 곧 견불見佛할 때이다"
생사 해탈 성불의 길 · 안락 평화 행복의 길

정토오경일론淨土五經一論

아미타경 · 무량수경 · 관무량수경
화엄경 보현행원품 · 능엄경 염불원통장 · 왕생론
부록 : 정수첩요(오념법문의 수행법)

무량수여래회 편역 | 비움과소통
양장 제본 | 국판148*210 | 부분컬러
372쪽 | 20,000원

"염불 수행자의 목적은 정토에 태어나 성불하는 것입니다.
정토종의 깨달음(解門)은 정토5경 1론에 의지하고
정토종의 실천(行門)은 곧 한마디 '나무 아미타불'입니다"

성현과 범부가 함께 닦는 성불의 지름길!
"염불은 가장 쉬우면서도 모든 법문을 뛰어넘는다!"

이 염불법문은 문수보살과 보현보살 등 여러 대보살로부터
마명 · 용수 등 여러 대조사들과, 천태 · 영명 · 초석 · 연지대사 등
여러 대선지식들에 이르기까지, 모두 한결같은 마음으로 귀의하신 가르침이다.
그런데 내가 뭐라고 감히 귀의하지 않는단 말인가.
- 철오 선사

參禪卽是念佛 念佛卽是參禪

참선이 곧 염불이요 염불이 곧 참선이다

불자 수행요집

1판 1쇄 펴낸 날 2017년 2월 24일

엮음 제안용하 스님
발행인 김재경 **편집 · 디자인** 김성우 **교정** 이유경 **제작** 대명인쇄

펴낸곳 도서출판 비움과소통
경기도 파주시 하우고개길 151-17 예일아트빌 103동 102호(야당동 191-10)
전화 031-945-8739 팩스 0505-115-2068
홈페이지 blog.daum.net/kudoyukjung **이메일** buddhapia5@daum.net
출판등록 2010년 6월 18일 제318-2010-000092호